ÉTUDES

SUR LE PAUPÉRISME

Et sur les moyens d'arriver à l'extinction de la Mendicité.

Par M. Victor MALLARD,

Substitut du Procureur du Roi près le Tribunal civil du Blanc.

———

« Un homme n'est pas pauvre parce qu'il n'a
» rien, mais parce qu'il ne travaille pas. »
Montesquieu, Esp. des Lois, ch. XXIX.

SAINT-AMAND-MONT-ROND. — IMPRIMERIE DE PARRÉ LE GARÉ.

1846.

ÉTUDES

SUR LE PAUPÉRISME.

ÉTUDES

SUR LE PAUPÉRISME

Et sur les moyens d'arriver à l'extinction de la Mendicité.

Par M. Victor MALLARD,

Substitut du Procureur du Roi près le Tribunal civil du Blanc.

« Un homme n'est pas pauvre parce qu'il n'a
» rien, mais parce qu'il ne travaille pas. »

Montesquieu, Esp. des Lois, ch. XXIX.

SAINT-AMAND-MONT-ROND. — IMPRIMERIE DE FARRÉ LE GABÉ,

1846.

ÉTUDES SUR LE PAUPÉRISME,

ET SUR LES MOYENS D'ARRIVER À L'EXTINCTION DE LA MENDICITÉ.

De l'extinction de la Mendicité.

Ce mémoire a été rédigé à la sollicitation d'un administrateur distingué dont les habitants de Saint-Amand conservent un honorable souvenir. Le public jugera de quelle utilité peuvent être les documents et les propositions qu'il renferme, et si l'auteur a su répondre aux questions qui lui étaient posées dans la lettre suivante :

> Saint-Amand (Cher), le 20 juin 1840.

A Monsieur Victor MALLARD, à Saint-Amand (Cher).

Monsieur,

Le gouvernement recherche les moyens d'arriver à la répression de la mendicité, ou tout au moins à en diminuer les développements, et les administrations départementales ont à recueillir des renseignements propres à l'éclairer sur le système qu'il conviendrait d'adopter pour obtenir de bons résultats.

Dans le cours des études auxquelles vous vous êtes livré sur la statistique de ce pays, votre attention a dû nécessairement se porter sur ce sujet, digne d'occuper l'esprit de tout homme de bien, désireux, comme vous, de voir se réaliser de véritables améliorations sociales.

J'ai pensé, Monsieur, que vous ne me refuseriez pas le secours de vos lumières pour m'aider à fournir à l'autorité supérieure des détails, aussi complets que possible, sur l'état de cette importante question dans notre arrondissement; et dans ce but, je viens vous prier de vouloir bien répondre à quelques demandes extraites d'une circulaire du ministre de l'intérieur, en date du 24 février dernier :

« 1° Quelles sont les causes habituelles de la mendicité dans ce pays?

» 2° Quelles mesures ont été prises jusqu'à présent pour obvier à la mendicité, et quels en sont les résultats?

» 3° Dans quelle proportion (approximativement) la commune, le bureau de bienfaisance, les associations particulières ou les citoyens, prennent-ils part à la distribution des secours aux indigents ?

» 4° Quels moyens pourraient être employés avec le plus d'efficacité pour arrêter l'accroissement du nombre des mendiants, et ramener progressivement ceux qui existent à une condition plus avantageuse et plus morale ? »

Je vous serais fort reconnaissant de vouloir bien joindre à ces renseignements tous ceux que votre expérience et vos connaissances spéciales pourront vous suggérer, et de me communiquer le résultat de vos réflexions, sur cette matière, dans le plus court délai possible.

Agréez, Monsieur, l'assurance de mes sentiments d'estime et de considération distinguée.

Le Sous-Préfet du 3e arrondissement du Cher,

Signé : F. DE BRY.

Du Paupérisme.

Le paupérisme est une des plaies les plus saignantes du corps social; il déborde sans frein sur tous les points du globe, il mine sourdement les États qu'il menace de violentes agitations, et la rapidité inquiétante de sa marche fixe à bon droit l'attention sérieuse des publicistes et des gouvernements.

Partout où les hommes se sont constitués en société, ils ont eu pour cortége de leur association les misères inhérentes à l'humanité; mais le paupérisme s'est répandu en raison directe des progrès de la civilisation. Les États policés sont ceux qui ont eu le plus à gémir sous cet ignoble fardeau.

Il existait dans l'antiquité fort peu de mendiants : le paupérisme date, chez les Grecs et chez les Romains, du jour de l'émancipation des esclaves. Sous le rapport alimentaire, ils étaient à la charge du maître, et vivaient à ses dépens comme les membres de la famille. Aussi long-temps que, par un juste équilibre, le nombre des affranchis fut maintenu dans de sages limites, la mendicité ne s'était pas accrue ; mais lorsque, plus tard, des affranchissements trop multipliés eurent émancipé des flots d'esclaves, ces malheureux, isolés dans la société, livrés à leurs propres ressources, tombèrent dans l'indigence la plus profonde et se virent contraints, pour assurer sinon leur bonheur, du moins leur existence matérielle, d'aliéner cette liberté qui leur avait été octroyée sans prudence.

Les ravages du paupérisme en France, remontent à l'ère de la conquête nationale obtenue sur les préjugés et les abus de l'ancien régime. L'Assemblée Constituante a laissé cette lèpre se glisser dans un des plis du manteau de la liberté.

Il est bien vrai que la mendicité rongeait, avant 1789, les pays de main-morte, les gens taillables et corvéables qui avaient courbé sous les dîmes et la féodalité ; mais, à cette époque, les établissements religieux employaient l'excédant de leurs immenses revenus au soulagement de l'humanité ; le travail avait alors son organisation, et, sous ce rapport, la suppression des *jurandes-maîtrises* et *corporations* a laissé un vide qui n'est pas encore rempli. On ne saurait en effet nier que l'isolement dans lequel se trouve actuellement placé le travailleur ne soit devenu une des causes principales du paupérisme. Il reste donc une grande tâche à nos législateurs : celle de réorganiser, de substituer une institution à une autre, dans l'intérêt de la classe ouvrière.

Nos voisins d'outre-mer sont écrasés par une mendicité toujours croissante, qui prend sa source dans les institutions mêmes du pays, et que ne peut éteindre une aristocratie puissante avec ses majorats, ses substitutions et ses droits d'aînesse. La centralisation de la fortune immobilière entre les mains de la noblesse a créé dans la Grande-Bretagne une nombreuse population de prolétaires qui, pour vivre, se rejettent sur une seule branche d'industrie : le travail dans les fabriques.

Après les grands propriétaires tenanciers, la nation est représentée, d'un côté, par la riche corporation des *gentlemen fermers*, qui exploitent, à bail en quelque sorte emphytéotique, les seigneureries des nobles lords ; de l'autre, par les industriels et les ouvriers que les hasards, les vicissitudes, les caprices du commerce élèvent et abaissent, enrichissent et ruinent tour-à-tour. On conçoit que, dans ce pays de fabrique, des ébranlements soient produits par une infinité de causes qui plongent dans la gêne et l'indigence le maître et ses ouvriers. Au milieu de ces secousses qui réagissent sur le sort des classes infimes, souvent les émeutes grondent, les masses se soulèvent et mettent en question l'existence même de l'État, quand les passions politiques peuvent s'emparer d'un levier aussi puissant.

Mais nous, grâce à notre système d'organisation sociale, à notre vaste territoire qui manque encore de bras pour le cultiver, à la division de la propriété, conséquence du principe si fécond de l'égalité des droits civils, nous sommes placés dans des conditions plus favorables pour arriver à l'extinction de la mendicité.

Voyons les efforts qui ont été faits dans ce but par le législateur.

De la Législation sur la Mendicité.

La mendicité et le vagabondage ont été envisagés par les législateurs de l'antiquité, par notre vieille monarchie et par nos lois intermédiaires, sous le même point de vue, c'est-à-dire comme constitutifs d'un délit contre la paix publique, abstraction faite de toute circonstance aggravante.

Les différentes pénalités qui furent successivement infligées aux mendiants sont monumentées dans un grand nombre de textes.

Le Proconsul romain avait le droit de bannir de sa province les hommes notoirement suspects (*mali homines*), liv. 13, *ff. de off. præsid.*

Saint Louis, au chap. IV de ses Établissements, veut que la justice jette hors de la ville celui qui *n'a rien et hante tavernes.*

Une ordonnance de 1354 punissait les mendiants qui, nonobstant ce, rentraient dans les villes, de la prison, puis du pilori et même de la marque. « Ils seront signés au » front d'un fer chaud et bannis des dits lieux. »

Ce système d'incrimination fut consacré de 1498 au 3 août 1764 par nombre d'ordonnances, déclarations et édits. Des peines spéciales étaient prononcées contre les mendiants valides, réservant, comme la loi romaine (*t. 1, C. de mendicantibus validis*), la faculté aux invalides de mendier.

Les mesures législatives qui, depuis, ont été prises en France, ont eu ce double but de réprimer la mendicité et de secourir la classe indigente, en organisant un service régulier dans la distribution des aumônes.

La loi du 22 septembre 1789 charge les administrations départementales des mesures relatives au soulagement des pauvres et à la police des mendiants et vagabonds. Pour éteindre la mendicité, on crée des ateliers de secours divisés, d'après la loi du 31 août 1790, en deux catégories. Les administrateurs ne doivent admettre dans l'une que les hommes faibles, dans l'autre que des ouvriers qui travaillent à la tâche.

Le fait de mendier hors de son canton devint, par la loi de 1791, une circonstance aggravante du délit de mendicité. Le mendiant trouvé hors de sa commune était arrêté, jusqu'à ce qu'il eût été réclamé par elle.

Puis, vinrent les lois du 24 vendémiaire an II, du 10 vendémiaire an IV, qui prononcèrent des peines corporelles et la transportation, et les lois du 12 messidor an VIII et du 5 brumaire an IX qui donnaient aux préfets le pouvoir d'envoyer et retenir les mendiants en prison par mesure administrative.

Ce fut la loi du 24 vendémiaire an II qui créa des dépôts de mendicité. Parut ensuite le décret du 5 juillet 1808 qui ordonna l'établissement d'un dépôt de mendicité dans les départements où il n'y en avait pas encore, et exigea que tous les individus trouvés mendiants fussent traduits à ce dépôt.

Nous avons dit que les anciennes ordonnances confondaient le vagabondage et la mendicité. Les lois nouvelles en ont fait deux classes distinctes, en laissant cependant subsister la confusion dans les cas où ces délits sont connexes à un crime.

Les dispositions actuelles du Code pénal, art. 274 et suivants, frappent de peines corporelles :

1° Toute personne qui aura été trouvée mendiant dans un lieu pour lequel il existera un établissement public organisé afin d'obvier à la mendicité ;

2° Les mendiants d'habitude valides, dans les lieux où il n'existe pas encore de tels établissements ; la peine est plus forte, lorsque les mendiants ont été arrêtés hors du canton de leur résidence.

Là se bornent les efforts de nos législateurs; quoiqu'animés d'une vive sollicitude pour le sort des classes pauvres et laborieuses de la société et du désir de s'occuper de l'organisation de la charité publique, il leur reste à résoudre cette grande question, à rendre au travail, à l'activité, à l'aisance, des hommes souvent jeunes et presque toujours valides qui croupissent dans le bourbier immonde de la mendicité.

Rapprochons maintenant de notre législation les mesures prises en Angleterre relativement au paupérisme.

La taxe des pauvres a été établie en 1592. Il fut, à cette époque, ordonné que toute personne qui se refuserait à donner l'aumône sur l'invitation de l'évêque ou du curé, devait être par eux citée à comparaître devant le juge de paix. Ce magistrat cherchait à la persuader de consentir volontairement à cet acte de charité, la taxait à une contribution hebdomadaire, si elle ne se rendait pas à son avis, et la faisait mettre en prison en cas de non paiement.

La taxe des pauvres prit bientôt un nouveau caractère : la cotisation devint générale et permanente; elle fut imposée à chaque habitant jouissant de maisons, terres, dîmes et mines, et le produit destiné avant tout à secourir les pauvres invalides, le surplus devant servir à offrir du travail aux valides qui en manquaient.

Une loi du 16 septembre 1601, la dernière année du règne d'Elisabeth, coordonna tous les éléments épars de cette législation et eut pour but essentiel de régler les secours publics et d'en assurer les moyens d'exécution. Enfin, en 1834, un bill organisa le service des pauvres et ramena le régime des aumônes sous une autorité administrative suprême. Les autres dispositions de cette loi ont pour objet les secours eux-mêmes; et, au milieu d'im-

portantes réformes, elle confirme cependant les fondements sur lesquels reposait la législation depuis le règne
d'Elisabeth.

Ainsi, en France, le législateur, tout en chargeant les
administrations départementales des mesures relatives au
soulagement des pauvres, procède contre eux par voie de
répression et ordonne la création de dépôts de mendicité,
disposition qui n'a pas encore reçu son entière exécution ;
mais aucune mesure générale n'est prise pour arriver à
l'extirpation du paupérisme. Il en est de même en Angleterre, où le gouvernement, acceptant la mendicité
comme un fait, comme une nécessité que la société doit
subir, agit par voie d'impôts pour organiser un service
public de secours, sans chercher les moyens de fermer
une des plus hideuses plaies qui le ronge !

Des causes générales et habituelles de la mendicité.

Les causes de la mendicité varient à l'infini : partout,
l'homme paresseux et vicieux saisit avec avidité les occa-
sions qui lui procurent des moyens de vivre sans être
astreint au travail ; en tout lieu, par un raffinement de
mollesse et de fainéantise, les populations se laissent aller
à ce *far-niente* qui, même sous les haillons de la misère,
semble avoir ses attraits, ses moments de jouissance et de
débauche.

A Naples, la chaleur énervante d'un beau ciel, l'absence
de besoins, un profond dégoût des jouissances que procure le luxe, ont fait surgir cette classe nombreuse des
lazaronis, dont l'apathique existence se consume dans
une torpeur quotidienne.

Dans les Abruzzes, la disposition topographique de la

contrée, la vie presque sauvage des montagnards, les éloignent du travail et les entraînent dans les expéditions aventureuses du brigandage.

Les couvents si multipliés de l'Espagne et de l'Italie, en accordant l'hospitalité ou distribuant des secours aux dernières classes de la société, ont corrompu le sang d'une populace qui s'est énervée, abâtardie, en devenant sobre par excès de paresse.

Dans nos cités, le mariage, et par suite la procréation de nombreux enfants, précipitent dans la misère de jeunes familles, dont les chefs deviennent trop souvent, hélas ! impuissants à gagner la nourriture nécessaire à la subsistance du ménage. L'ouvrier ne songe à rien moins qu'aux ressources que doit lui procurer l'alliance qu'il a projetée ; il se marie, sans avance, sans mobilier, sans fortune aucune ; il compte sur son travail pour faire face à tout, pour se procurer peu à peu de l'aisance ; mais les enfants, les maladies et les privations arrivent et devancent la réalisation des espérances qu'une éphémère illusion lui avait fait concevoir. Le voile tombe, et la misère apparaît à la famille dans son horrible nudité !.....

Que dire aussi du peuple des campagnes ? S'il est vrai que, dans nos métairies, les nombreux enfants soient la richesse des colons, il n'en est pas ainsi du journalier, notamment dans les pays de médiocres cultures, là où l'homme ne vit que de pommes de terre et de pain noir..... Pénétrez dans ces réduits, si vous voulez voir les haillons du véritable pauvre, si vous voulez comprendre les douleurs, l'anxiété d'une mère entourée de ses enfants qui souffrent de la faim, connaître le mobilier, les ressources de ce ménage, et juger de l'extrême abandon dans lequel, loin des villes, loin des bureaux de bienfaisance, ces malheureux parviennent à passer, pour ainsi dire miraculeusement, la longue et dure saison des hivers!..... Retirés au milieu de nos landes incultes, en vain ils s'efforcent à vivre du produit de quelques ares de terre et du lait de leurs chèvres.... A demi vêtus, ils cheminent de porte en porte, de domaine en domaine, pour demander un morceau de pain à nos charitables métayers...... Puis, à bout de ressources, il se répandent dans les villes les plus proches pour y mendier encore! Combien est différente la position du manouvrier dans les contrées de grandes fermes!..... Là, du moins, les fermiers, disposant d'un capital considérable pour l'exploitation des propriétés rurales, répandent autour d'eux la richesse de leur industrie et les bienfaits d'un travail de tous les instants, au profit des gens qui coopèrent à leurs entreprises agricoles.

L'amour de la propriété, l'ambition de posséder quelques hectares de terre, réduisent souvent à l'indigence d'honnêtes travailleurs qui ont cédé trop légèrement à l'entraînement d'acquérir. Parmi ces populations qui font consister l'aisance et la fortune dans la seule possession du sol, là où la propriété, divisée, morcelée à l'infini, ne présente plus qu'une culture à bras très-coûteuse et souvent peu productive, la mendicité éprouve des fluctuations occasionnées par le moindre évènement, par le plus léger désastre. Un hiver rigoureux, les ravages de la grêle suffisent pour jeter dans la misère des cultivateurs qui, ne possédant aucune avance, souffrent cruellement de la perte de leur récolte ou de la suspension de leurs travaux!

C'est ainsi que nous avons vu, dans la ville de Saint-Amand, cinq cents individus, sur une population de 7,000 habitants, figurer, pendant le rigoureux hiver de 1830, sur

les listes du bureau de bienfaisance et demander des secours provisionnels, quoique la plupart d'entr'eux possé-
dassent quelques biens. Mais, hâtons-nous de le dire,
lorsque les calamités les accablent, des hommes aussi laborieux que nos vignerons n'implorent pas l'aumône : ils
réclament du travail, des ateliers de charité, pour occuper
leurs bras inactifs. Leurs aïeuls avaient, avant 1789, jeté
les fondements de l'industrieuse activité qui caractérise
cette noble population : alors, cinquante mendiants des
deux sexes, pour la plupart invalides, recevaient des secours publics dans cette cité, quand les rues de la capi-
tale du Berry étaient journellement encombrées de pauvres entretenus dans leur oisiveté par de riches et nombreux
monastères.

Nous n'avons pas l'intention de soulever toutes les parties du voile qui couvre tant et de si profondes misères :
les ombres du tableau seraient trop rembrunies.

« Je ne pense point, dit Montaigne, qu'il y ait tant de
» malheurs en nous comme il y a de vanité, ni tant de
» malice comme de sottise. Nous ne sommes pas si pleins
» de mal comme d'inanité, nous ne sommes pas si miséra-
» bles comme nous sommes vils. » .

A quoi nous servirait de fouiller ces bouges où la pau-
vreté ne le cède en rien à l'immoralité, où l'homme,
rongé par la vermine, n'a recueilli de ses débauches que
les angoisses de la douleur? La commisération doit s'appe-
santir sur tous les êtres humains qui crient la faim et le
froid, quels qu'aient été leurs honteux antécédents.... Mais
nous nous proposons de rechercher encore quelques-unes
des causes qui conduisent à l'indigence.

Le luxe, lorsqu'il est hors de proportion avec la fortune
des particuliers, entretient la corruption et les vices. La

misère arrive promptement et ne tarde pas à conduire à la mendicité, si toute harmonie cesse entre les besoins et les moyens de les satisfaire. Le luxe envahit aujourd'hui toutes les classes de la société ; partout il ébranle la pureté des mœurs, partout on veut renoncer à la simplicité du costume, au modeste ameublement de ses pères, au bonheur sans amertume d'une vie régulière passée en famille ; on se laisse aller, par de contagieux exemples, à de folles et ruineuses dépenses. C'est un gouffre constamment ouvert où vont s'engloutir l'aisance ou les richesses péniblement acquises par les générations précédentes.

La classe bourgeoise présente de fréquents exemples de décadence occasionnée par les entraînements d'un luxe immodéré. Dans beaucoup de nos provinces, elle est restée étrangère au mouvement qui nous presse, aux affaires industrielles qui prennent tous les jours de l'accroissement, pour ne sacrifier qu'à des dépenses somptuaires. Le véritable bourgeois est un type qui possède toute la vanité de nos anciens nobles illettrés et le sot et ridicule orgueil du Castillan. Le bourgeois, dans son excentricité, ne pouvait plus avoir d'autre occupation que celle de remuer des sacs d'argent : il a dû s'abaisser au niveau du rentier. Le revenu modique, mais positif, de la propriété rurale ne suffisant pas aux exigences de sa situation, il a dû, après des emprunts onéreux, recourir à l'aliénation de son patrimoine, pour prolonger une vie d'oisiveté, de plaisirs ou de libertinage. La propriété était devenue un embarras entre les mains de la bourgeoisie ; du jour où elle n'avait plus le courage de la faire produire, elle s'est imprudemment détachée du sol, qui seul faisait sa puissance..... C'est à cette cause qu'il faut attribuer en grande partie la vente en détail des biens ruraux. Sur beaucoup de points, les grands propriétaires ont recueilli cet héritage. Dans notre pays bocager et de culture parcellaire, ces immeubles tendent à passer exclusivement entre les mains de nos paysans cultivateurs; eux, du moins, avec une vie sobre et exempte des dépenses qu'occasionne le luxe, peuvent donner sans cesse de l'extension à leurs métairies, s'ils sont assez sages pour ne pas changer leurs conditions de laboureurs et s'ils savent diriger dans ces principes l'éducation de leur famille.

En effet, une cause de misère non moins fatale que le luxe, c'est l'ambition irréfléchie, si commune de nos jours, de vouloir sortir les enfants de la classe à laquelle appartiennent leurs pères : les sacrifices n'effraient pas l'artisan qui veut faire entrer son fils dans les rangs de la bourgeoisie. Ce n'est déjà plus dans le clergé qu'il aspire à le placer : il veut qu'il fréquente nos grandes écoles; et si l'éducation du fils a réduit la famille à l'indigence, dites-nous quelle sera la position dans le monde de ce jeune homme exerçant une profession libérale, mais demeurant pauvre et sans clientèle, sans occupation, sans fortune, sans avenir? Ouvrez, hélas! le livre sanglant des suicides! Voyez la vie misérable de l'homme de lettres, réduit au métier de folliculaire, l'échafaud dressé sur la tête des Castaing, des Lacenaire; comptez dans les bagnes cette foule composée d'hommes de lois, d'agents d'affaires, de banqueroutiers frauduleux qui ont inquiété la société, ruiné des familles; étudiez les causes de toutes ces catastrophes, et vous prononcerez ensuite sur la sagesse des parents qui rougissent de voir leurs enfants rester, comme eux, de modestes, d'honnêtes ouvriers!........

Des mendiants d'origine et des enfants trouvés et abandonnés.

Après avoir relevé une partie des circonstances qui con-

₋duisent à la mendicité, nous avons à mentionner, dans la catégorie des indigents, ceux qui naissent à l'état de mendiants.

Les familles des dernières classes de la société suivent à la lettre ce précepte du Divin Maître : « Croissez et multipliez. »

« Les gens qui n'ont absolument rien, comme les men-
» diants, ont beaucoup d'enfants. C'est qu'ils sont dans les
» cas des peuples naissants ; il n'en coûte rien au père
» pour donner son art à ses enfants, qui même sont, en
» naissant, des instruments de cet art. Ces gens, dans un
» pays riche ou superstitieux, se multiplient parce qu'ils
» n'ont pas les charges de la société, mais sont eux-mêmes
» les charges de cette société. » (MONTESQUIEU, *Esp. des
Lois, chap. XI.)

En recherchant quel est le moyen d'empêcher que ce grand nombre d'enfants, nés mendiants, ne demeurent un éternel embarras dans l'État, nous nous trouvons nécessairement appelé à l'examen d'une autre question non moins ardue, qui depuis long-temps occupe les esprits les plus graves et les amis de l'humanité : nous voulons parler des enfants naturels, trouvés et abandonnés, qui, eux aussi, sont devenus *les charges de la société.*

Si les gens pauvres ont dans le mariage beaucoup d'enfants, il arrive quelquefois que les liens mêmes de famille deviennent favorables à leur progéniture. Il peut s'opérer des mutations, certains revirements de fortune qui feront passer sur leurs têtes des biens possédés par leurs parents.. Mais les mendiants-enfants-trouvés, ceux qui, en sortant des viles entrailles d'une mère sans pitié et indigne d'un si beau nom, ont été jetés sur le parvis du temple ou déposés à la porte d'un hospice, n'ont qu'un seul et même avenir, aussi triste, aussi obscur que leur naissance!........

Ce n'est pas exclusivement à l'inconduite et à la corruption des mœurs qu'on doit attribuer le nombre toujours croissant des enfants naturels, trouvés et abandonnés. Le peuple est aussi poussé vers le concubinage par la misère et l'indigence. Le mendiant sait qu'il ne contracte aucune obligation légale de nourrir et d'élever l'enfant qui naîtra d'un commerce illégitime. Sa situation est allégée; il laisse retomber ce fardeau sur la société, et se livre sans réserve au plaisir de la reproduction, parce qu'il n'aura jamais à supporter les charges d'une paternité qu'il désavoue dès l'origine. On pourrait donc parvenir, par l'extinction de la mendicité, à diminuer les causes du concubinage.

Nous nous proposons de rechercher les moyens d'améliorer tout à la fois le sort des mendiants et l'avenir des enfants trouvés, de leur créer un état ou de leur procurer un asile et du travail, suivant leur âge et leur capacité.

Des mesures

Qui ont été prises jusqu'à ce jour pour obvier à la mendicité, et de leurs résultats.

Les administrateurs de nos départements ont créé des bureaux de bienfaisance et de charité : ils ont autorisé des quêtes publiques et des souscriptions particulières, des loteries, des bals et des concerts au profit des classes indigentes, dans le seul but de secourir les malheureux, d'alléger des souffrances temporaires ou continues, d'apaiser des besoins qui se renouvellent périodiquement pendant les saisons rigoureuses. Loin de nous l'intention de critiquer ce genre d'impôts prélevés sur le riche, dont on exploite ainsi les plus voluptueuses jouissances dans une pensée humanitaire; mais nous blâmons le mode d'emploi de ces fonds de secours, leur répartition, et nous allons, par un exemple tiré d'une de nos cités, examiner quelle a été l'efficacité de ces mesures *pour obvier* à la mendicité.

Il fut un temps où il n'existait pas de bureau de bienfaisance dans la ville de Saint-Amand. Quelques pauvres, invalides pour la plupart, au nombre de cinquante à peine sur une population de 5,000 habitants, recevaient, des familles les plus aisées, une aumône qui suffisait à leur précaire existence. Dans l'année 1801, on ne comptait, parmi les mendiants, que dix hommes et trente femmes ; et, dans le cruel hiver de 1789, le chiffre des indigents ne s'est élevé que de quarante à cinquante pour les hommes, et de soixante à soixante-dix pour les femmes.

Plus tard, un bureau de charité fut organisé ; il était alimenté par la générosité publique. Un seul des plus honorables citoyens de la ville, M. Geoffrenet des Beaux-pleins, dont le souvenir est religieusement conservé par tous ceux qui ont été témoins de ses nombreux bienfaits, semblait avoir pris à tâche de fournir annuellement le blé nécessaire aux distributions de pain, tant ses aumônes étaient abondantes et multipliées !... Depuis cette époque, le chiffre des pauvres admis au bureau de charité a varié entre 70, 80 et 100 individus, et les distributions se sont élevées, par semaine, de 90, 100, 130 à 150 kilos de pain et à plusieurs hectolitres de pommes de terre *

Là, ne s'arrête plus aujourd'hui le nombre des mendiants de cette cité. Le nom des plus nécessiteux figure sur les registres du bureau de bienfaisance ; mais les pau-

---

* Dans les premiers mois de l'année 1846, le bureau de charité de Saint-Amand distribuait, par semaine, 265 kilos de pain à cent trente-six pauvres inscrits ; ce chiffre était réduit, au mois d'août de la même année, à 115 kilos, que recevaient quatre-vingt-onze indigents.

vres honteux, les mendiants domiciliés, les familles qui éprouvent une gêne momentanée, un embarras dans le paiement de leurs impôts, de leurs loyers, ont intercédé auprès de l'autorité municipale pour obtenir des secours... Alors, par une charité mal entendue, par un zèle louable sans doute, mais dont les conséquences sont devenues déplorables, des dames ont été chargées de faire des quêtes à domicile dans leurs quartiers respectifs, de visiter les malheureux, de pénétrer dans l'intérieur des familles, et de rendre compte des infortunes et des misères privées qu'elles pourraient y découvrir. — Qu'est-il résulté de cette mission saintement accomplie ? — Il faut le dire, parce que c'est la vérité tout entière : c'est en se laissant aller, sans réflexion, à ces idées philanthropiques ; c'est en confiant à des dames trop faibles pour rejeter des réclamations sans fondement, trop ignorantes du cœur humain, de la perversité, du mensonge, des vices inhérents à notre pauvre espèce, trop généreuses, d'ailleurs, pour refuser des aumônes même inutiles ; c'est par l'organisation de ces secours mal répartis, de ces loteries dont les fonds reçoivent une destination peu réfléchie, et sont distribués souvent à de faux indigents, que la mendicité a été encouragée, que le nombre des pauvres s'est accru, et que, depuis quelques années, le chiffre *réel* des mendiants s'est élevé à plus de deux cents dans la ville de Saint-Amand, c'est-à-dire dans une proportion de *trois* pour *cent*, sur une population de 7,000 habitants !.....

Le même système de distribution de secours, de quêtes à domicile, de loteries et de bureaux de bienfaisance, n'a pas produit d'autres résultats, dans toute la France, que d'organiser la mendicité, de l'accroître et de la rendre plus exigeante, plus impérieuse dans ses besoins. « En

» tout, dit Helvetius, l'argent est funeste, quand il n'est » pas le prix du travail. » Évitons donc de répandre des aumônes en argent ou en nature : apprenons aux généra- tions qui s'élèvent, qu'il est de la dignité de l'homme de travailler pour vivre, et ne l'assimilons pas à la bête fauve, en jetant sur l'arène, comme au lion dans sa fosse, des vivres pour la nourriture du peuple ! Y eut-il jamais rien de plus dégoûtant, un spectacle plus humiliant pour le cœur humain, que les distributions de comestibles et de liquides des Champs-Élysées et de la barrière du Trône ? —Non ; la sève qui coule dans les veines du peuple fran- çais est pleine de vigueur et de jeunesse : la nation n'est pas arrivée à ce moment de décadence des Romains éner- vés de l'Empire, qui ne sortaient de leur engourdissement que pour réclamer des vivres et des émotions théâtrales !... *Panem et circences.*

Cependant, le nombre des mendiants augmente tous les ans en France, dans des proportions telles, que ce serait peut-être rester au-dessous de la vérité que d'en fixer le chiffre à *un* sur *vingt-cinq* individus. Ce rapport est bien plus élevé dans les grandes cités, puisqu'en 1839, sur une population de 909,126 individus, Paris comptait 62,350 indigents, ce qui donne *un* indigent par *quatorze* habi- tants. Il n'est donc pas surprenant qu'en présence de faits aussi graves, le gouvernement s'occupe de la solution des difficultés que présente l'extinction de la mendicité.

Nous avons parlé des charges imposées aux villes pour l'allégement de la misère publique. Qu'on ne croie pas que les populations rurales soient à l'abri de telles exigences ; elles sont, au contraire, doublement écrasées, et par les pauvres du pays, et par les vagabonds qui ont de justes raisons de fuir les villes et les grandes routes.

L'action d'une police protectrice se fait rarement sentir dans nos campagnes; la gendarmerie n'entre pas assez fréquemment sur le territoire de ces fermes isolées qui accordent l'hospitalité et servent de réfuge à ces populations nomades, à ces voyageurs au visage sinistre qui viennent effrontément s'asseoir au foyer domestique et partager le pain noir du laboureur. L'habitant des campagnes, livré à ses propres forces, ne peut, dans cette situation, conjurer le danger et protéger sa famille que par des aumônes larges, onéreuses et multipliées. Le vagabond, en effet, c'est la plante parasite s'emparant des sucs nourriciers d'un arbre vigoureux prospérant, orgueilleuse d'une végétation étrangère qui devient mortelle au sujet qu'elle épuise. Le vagabond, c'est le mendiant armé, imposant des aumônes; c'est l'homme dans sa plus hideuse dégradation, dans un état permanent d'insurrection avec la société qui le rejette de son sein, avec les populations isolées qu'il inquiète et qu'il domine.

On peut calculer approximativement que, dans la ville de Saint-Amand, la moitié des frais de secours distribués aux indigents est supportée par la commune, le bureau de bienfaisance et les associations particulières, et que les citoyens, pris individuellement, contribuent, pour l'autre moitié, par leurs aumônes, à assurer l'existence des mendiants. Mais à cette proportion de secours dont se chargent volontairement les habitants, il faut ajouter les distributions faites par eux aux mendiants des communes rurales qui affluent chaque semaine dans la ville. Ces dernières aumônes doublent à peu près les sacrifices annuels que s'imposent de généreux habitants. Les progrès du paupérisme sont en effet si considérables, que les communes rurales ne peuvent plus nourrir leurs mendiants, et

que le débordement de ces pauvres dans les villes rend
impuissants les efforts des municipalités urbaines. Dans un
tel état de choses, la loi pénale elle-même ne peut plus
protéger la société : son application est inefficace; elle
frapperait plus énergiquement, qu'elle ne réprimerait pas
la mendicité. Emprisonnez les mendiants d'habitude valides, punissez ceux qui seront arrêtés hors de leur canton,
vos prisons regorgeront bientôt de malheureux qui, loin
de gémir sur la privation de leur liberté, rechercheront ces
condamnations, et considéreront la peine que vous leur
aurez infligée, comme un allégement à leurs misères,
comme un temps de repos, une halte dans la marche si
pénible de leur chétive exitence !

Des moyens

*Qui peuvent être employés avec le plus d'efficacité pour arrêter l'ac-
croissement du nombre des mendiants et ramener progressivement
ceux qui existent à une condition plus avantageuse et plus morale.*

En pareille matière, tout système nouveau est sujet à
des erreurs de combinaison et à des difficultés d'exécution
que l'expérience seule peut aplanir. Mais quand il s'agit de
détruire le vieux tronc d'un arbre dont les racines sécu-
laires ont profondément pénétré dans le sol, de réformer
des abus qui ébranlent les institutions d'un pays, le législateur, animé d'une prudente résolution, ne doit cependant pas reculer devant les sacrifices pécuniaires, néces-
tés par une mesure dont l'application lui aura semblé
riche d'avenir.

Nous nous sommes particulièrement attaché à la pensée
toute philanthropique de faire rentrer les indigents dans la
classe des travailleurs, avec des conditions de moralité et
des garanties telles qu'ils ne puissent plus retomber dans les

habitudes oisives et vicieuses du vagabondage. Nous appor-
tons donc, avec autant d'humilité que de zèle, notre faible
part de matériaux au nouvel œuvre que le gouvernement
veut fonder. Puissions-nous voir se réaliser une réforme
que la religion, la morale et l'humanité réclament à grands
cris !..... Honneur au Monarque qui aura su jeter les bases
d'une grande institution au profit du prolétaire indigent !..
Cent fois honneur, puisque la solution de ce problème se
lie intimement, selon nous, aux questions agricoles et
industrielles dont elle hâtera les progrès !.....

Nous adoptons avec le législateur de 1790 la division
des mendiants en deux classes :

1° Les mendiants non valides, c'est-à-dire les personnes
pauvres qui, par infirmités, vieillesse ou faute de santé,
souffrent habituellement de la faim, et qui, dans l'impossibilité de gagner leur vie par le travail, implorent journellement la charité publique ;

2° Les mendiants valides, c'est-à-dire les personnes sans
infirmités, qui, préférant au travail une vie oisive et
errante, abusent des aumônes.

Nous divisons les mendiants valides en trois catégories :

Dans la première, nous faisons entrer les enfants des
deux sexes au-dessous de 10 ans, et les pauvres du sexe
féminin de 10 à 18 ans ;

La deuxième comprend les enfants mâles de 10 à 18
ans ;

La troisième, les mendiants des deux sexes, de l'âge de
18 ans et au-dessus.

Nous plaçons, dans ces subdivisions, les enfants trouvés
et abandonnés, parce que, comme nous l'avons indiqué,
l'intérêt de la société exige que l'on s'occupe de leur
avenir. Plus leur nombre s'accroît, plus il devient urgent

de diriger leur éducation et d'en faire des citoyens utiles. Le rapport des enfants naturels est, en France, de un sur treize enfants légitimes ; et combien de ces malheureux ne sont-ils pas délaissés par leurs parents en recevant le jour ! Dans le département de la Seine, on comptait, en 1834, presqu'un enfant naturel sur quatre naissances : ce chiffre s'est élevé à Paris, dans l'année 1835, à peu près dans la proportion de un sur deux, c'est-à-dire à 9,959 enfants naturels et à 19,461 enfants légitimes !.....

§ 1er. — Des mendiants invalides.

Le maire de chaque commune, assisté du conseil municipal, dressera tous les ans le tableau des mendiants valides et non valides qui y sont domiciliés.

Cette liste contiendra les nom, prénoms, âge, sexe, profession et demeure; la moralité, le genre d'infirmités de chaque mendiant invalide et la capacité de ceux qui seront valides. On y indiquera si ces individus sont veufs, mariés ou célibataires ; le nombre d'enfants légitimes ou naturels qu'ils possèdent ; l'âge, la profession de ces enfants ; leurs fortunes ou leurs ressources pour soutenir l'existence de leurs père et mère ou ascendants.

Ce tableau, porté sur un registre spécial de la municipalité, sera révisé à chaque session trimestrielle, et copie conforme en sera adressée par les soins du maire à l'autorité administrative.

Nous n'avons pas besoin de faire ressortir toute l'importance de ce travail préliminaire. Les conseils municipaux ne devront admettre au nombre des mendiants que les personnes véritablement invalides et sans ressources, et celles qui, quoique valides, seront dans l'impossibilité réelle de vivre ou d'élever leur famille au moyen de leur travail. Nos théories doivent se résumer en une question d'impôts à la charge des communes, résultat qu'il ne faut pas confondre avec la taxe des pauvres, telle qu'elle ressort de la législation anglaise, et dont la différence sera facilement sentie à mesure que le lecteur saisira notre pensée ; les membres des conseils municipaux auront donc à se montrer justes, sévères et à la fois humains dans cette opération.

Ainsi que nous l'avons dit en rappelant la loi du 24 vendémiaire an 11, et le décret du 5 juillet 1808, le législateur a compris depuis long-temps la nécessité de séquestrer les mendiants. Mais à l'exception du département de la Seine et de quelques autres encore, qui possèdent des dépôts de mendicité, peu de provinces entravent la circulation des indigents. Les places publiques, les foires, les marchés, présentent presque partout le hideux spectacle de mendiants invalides qui étalent aux yeux des passants des infirmités affreuses, des plaies feintes ou réelles dont ils arrêtent la guérison avec une attention calculée ; ainsi que les vagabonds, ces malheureux parcourent habituellement en société les campagnes et se retirent, à la nuit tombante, dans les fermes qu'ils exploitent plutôt par la terreur que par la commisération, que leur aspect dégoûtant inspire.

Il est donc urgent que la loi soit strictement exécutée et que, désormais, chaque département crée, à ses frais, un établissement qui servira de *dépôt de mendicité*. Mais nous ne voulons pas, comme le législateur de cette époque, que ces dépôts soient ouverts à tous les mendiants valides ou non valides : nous les réservons exclusivement aux pauvres infirmes et à ceux qui sont dans l'impossibilité absolue de pouvoir travailler, à raison de leur âge trop avancé. Là, seront conduits, avec leur assentiment, tous les indigents non valides des deux sexes, dont les noms auront été portés sur les tableaux présentés par les municipalités, et les pauvres de cette catégorie qui, se livrant à la mendicité, auront été condamnés par les tribunaux à une détention correctionnelle.

Cette mesure rigoureuse produira l'effet salutaire que doit en retirer la société, si la police du royaume, secondée par ses nombreux agents, veille à son exécution, en livrant à la justice les personnes infirmes qui mendient habituellement.

Les mendiants et vagabonds non valides, arrêtés hors de leur commune, devront subir leur condamnation dans les dépôts du département auquel ils appartiennent par leur domicile ou par leur naissance.

Mais cette honteuse industrie de ces indigents nomades ne disparaîtra entièrement qu'autant qu'on aura introduit certaines modifications dans la loi sur la circulation des personnes. Il faudrait qu'à l'avenir les maires ne pussent délivrer de passe-ports qu'aux citoyens exerçant réellement une profession ou qui seront inscrits sur le rôle des contributions à la cote personnelle et mobilière ;

Que les individus non imposés, qui n'ont pas de moyens de subsistance et qui n'exercent habituellement ni métier ni profession, fussent tenus de se présenter au chef-lieu de leur canton, où le juge-de-paix et le maire de leur commune pourraient seuls, après information et examen des motifs, leur accorder ou refuser la permission de circuler ;

Que, dans aucun cas et sous aucun prétexte, l'autorité administrative ne pût donner aux personnes qui auront perdu, soit leur récolte par la grêle ou l'inondation, soit leurs bâtiments par incendie, soit leurs bestiaux par

épizooties, l'autorisation de quêter et solliciter des secours de la bienfaisance publique hors du département
où ils résident, et que cet acte de charité ne fût jamais
toléré au-delà de cette limite, sans un ordre exprès éma-
nant du ministère de l'intérieur, c'est-à-dire de la police
générale du royaume.

Avec de telles précautions et autres que peut suggérer
l'exécution, dans leur ensemble, des moyens que nous ne
faisons qu'indiquer, la centralisation des mendiants dans
chaque commune s'opérera sans violence, sans abus d'autorité et sans autre entrave à la liberté individuelle que la
restriction exceptionnelle du droit de circulation, exercée,
dans l'intérêt de la sûreté publique, contre le prolétaire
sans profession.

§ II. — Des Mendiants valides.

SECTION 1re. — *Des Enfants des deux sexes au-dessous de dix ans et
des Enfants du sexe féminin de 10 à 18 ans.*

Prendre les enfants indigents dès l'âge le plus tendre,
les séparer, soit temporairement, soit pour une époque
indéterminée, de leur famille au sein de laquelle ils s'éner-
vent et se corrompent par des habitudes vicieuses ou de
fainéantise, confier leur personne et la direction de leur
éducation à des âmes charitables, amies de l'enfance,
vouées par une sainte vocation au service de l'humanité,
c'est, à notre avis, un des moyens les plus certains de
parvenir à l'extinction de la mendicité, en arrêtant le mal
à son origine.

Nous voulons d'une manière absolue l'interdiction de la
mendicité en France, nous voulons que partout on procède
contre le mendiant par voie de répression. Ainsi, sur tous
les points du territoire, les enfants indigents des deux

sexes, de l'âge de 10 ans et au-dessous, seront, après condamnation prononcée par les tribunaux pour délit de mendicité, déposés et internés dans les hospices ou salles d'asile de chaque chef-lieu d'arrondissement, et placés sous la surveillance des Sœurs de charité qui dirigent un établissement de bienfaisance.

Il en sera de même des mendiants du sexe féminin de l'âge de 10 à 18 ans.

Ces maisons hospitalières seront encore ouvertes aux jeunes indigents des deux sexes et aux orphelins dont l'existence précaire ne pourrait se soutenir qu'à l'aide de la charité publique, et dont les noms auront été compris dans les tableaux dressés par les conseils municipaux.

Les enfants naturels, trouvés et abandonnés, recueillis dans ces établissements, recevront les mêmes soins, la même éducation, participeront en un mot aux mêmes avantages que les indigents ; mais dans la législation à intervenir sur les mendiants et les enfants trouvés, il y aura, quant à la répartition de la dépense faite par les uns et les autres dans ces maisons de refuge, cette distinction à noter : le mendiant restera à la charge de la commune où il sera né, tandis que l'enfant abandonné, ne pouvant pas justifier du lieu de sa naissance, sera élevé aux frais du département, quelle que soit la commune qui l'aura adopté.

Tous seront employés, suivant leur sexe et leur âge, aux divers services de l'établissement. L'instruction qu'ils recevront dans les écoles primaires tenues par les Sœurs, le développement des principes religieux, les bons et fréquents exemples de morale et de vertu qu'ils auront sous les yeux, feront promptement germer dans des cœurs non corrompus des idées meilleures, le goût d'habitudes difrentes, l'amour du travail et le désir de se rendre utiles dans un monde qui les aura protégés à leur début.

L'autorité supérieure organisera, à l'aide de bons règlements, le travail dans ces hospices, en créant, soit des magnaneries, soit des ateliers de filature, de lingerie, de tapisserie, etc. On pourra former, parmi les filles de 10 à 18 ans, de bonnes infirmières pour le service des hôpitaux, charger les unes des soins et du détail du ménage, initier les autres aux travaux âpres et pénibles de la campagne, et les répandre ensuite dans la société, munies de bons certificats inscrits sur leurs livrets, attestant leur intelligence, leur moralité, leur aptitude au travail, etc.

SECTION IIe. — *Des Enfants mâles, de 10 à 18 ans.*

Nous arrivons à une époque plus sérieuse de la vie, celle où l'homme, se dépouillant des langes de l'enfance, donne l'essor à sa pensée et commence à comprendre que, maître de sa destinée, son avenir et celui des siens dépendront de sa conduite et de son opiniâtreté au travail.

Les mendiants du sexe mâle, de l'âge de dix à dix-huit ans, devraient être rares dans une société qui ne souffre encore de la surabondance des bras, ni dans l'industrie, ni dans l'agriculture. Il n'en est malheureusement pas ainsi, surtout dans les grandes cités où les vices les plus honteux paralysent le développement des facultés intellectuelles de l'adolescent, l'abrutissent et le précipitent dans un abîme de maux qui conduisent à la mendicité. Par quels moyens nous sera-t-il donc possible d'enlever les mendiants de cet âge à cette vie de vagabondage et d'opprobre ?

L'association est le dissolvant le plus énergique du paupérisme. Or, les progrès agricoles, en France, nécessiteront, tôt ou tard, pour être réalisés, une transaction entre les prolétaires et la bourgeoisie, transaction fondée sur le travail et sur le bien-être matériel, régulier et permanent des masses qui auront concouru à l'œuvre du maître. Partout où le détenteur du sol se sera associé des travailleurs, se développera une industrie nouvelle et puissante qui entraînera dans sa sphère d'activité et de richesse celui qui n'avait au début que ses bras pour seconder l'entreprise.

C'est donc dans un centre commun d'exploitation agricole que nous voulons placer le mendiant adulte pour l'élever au rang du citoyen utile.

L'agriculture pratique n'a pas encore reçu l'impulsion qu'elle est en droit d'espérer après autant de découvertes et d'expériences réalisées. La cause principale en est à ce que, jusqu'à ce jour, les efforts du gouvernement ont eu plutôt pour but d'encourager la science et la publication des théories, que de soutenir les cultivateurs qui font de cet art si noble et si précieux l'occupation de tous leurs instants, mais qui l'exercent sans direction, sans protection, abandonnés à leurs propres forces........

Nous tenons compte à nos gouvernants de leurs bonnes intentions, de leur volonté de défendre, de protéger nos intérêts agricoles; mais nous blâmons l'emploi que fait le ministère des sommes portées au budget pour *secours et encouragements à l'agriculture*, parce que la destination donnée à ces capitaux ne porte pas tous ses fruits.

L'institution des comices, par exemple, aurait besoin, pour offrir un spectacle national et produire des effets avantageux, d'être organisée, réglementée et dirigée avec plus d'ensemble. La plupart des comices de canton, embarrassés de l'utilisation de leurs fonds, gaspillent ceux qui leur sont alloués. Les résultats ne sont pas seulement nuls, ils sont tristes et fâcheux, parce qu'ils servent de risées au public et encouragent la résistance opiniâtre de notre vieux colon qui est toujours resté................. *laudator temporis acti*. Il faudrait concentrer ces institutions dans chaque chef-lieu d'arrondissement, les faire présider par le sous-préfet, accorder des secours plus efficaces, créer des commissions cantonnales, donner plus d'extension aux diverses branches d'encouragements, y rattacher tout ce qui tient à l'horticulture, aux arts, aux sciences, à l'industrie de chaque arrondissement, entourer enfin ces cérémonies d'apparats, mettre plus de solennité dans les récompenses. Il faudrait encore, afin de faire profiter toutes les communes rurales des meilleurs procédés de culture, afin d'aider au développement de l'éducation agricole des masses, que le gouvernement ordonnât la création, dans chaque département, de fermes-écoles qui serviraient un jour de modèle à nos cultivateurs éclairés par le savoir et la prudente habileté d'une direction économe et progressive.

Nous voulons, dans notre système, que cette obligation soit imposée à tous nos départements de fonder une institution agricole au milieu de leurs landes incultes, dans les parties les plus improductives, les sols les plus ingrats de leur territoire. L'effet immédiat d'une telle résolution serait de montrer aux habitants la manière de fertiliser des terreins d'une aussi mauvaise nature, d'enrichir des contrées désertes, d'y faire affluer tout à la fois des capitaux et des bras qui y manquent, de convaincre enfin nos cultivateurs de la vérité de cette proposition, à savoir : que les progrès agricoles ne sont pas restreints aux pays naturellement riches par eux-mêmes d'une végétation surabondante, mais qu'on peut, en mettant à profit les ressources de la science et d'une habile pratique, soumettre à une culture productive les terreins les plus brûlants, les sols les plus humides, et ces vastes plaines du centre de la France couvertes d'ajoncs et de bruyères.

Nous voulons que le gouvernement prenne pour modèle les règlements de la Colonie agricole de Mettray, créée pour les jeunes détenus par les soins de l'honorable M. Demetz, s'empare de la belle et généreuse pensée de M. Jules Rieffel, qui a fondé à la ferme de Grand-Jouan (Loire-Inférieure) une école agricole pour les pauvres de ce département, et qu'il confie aux directeurs de ces fermes-écoles départementales les enfants trouvés et abandonnés ;

Les mendiants du sexe mâle, de l'âge de 10 à 18 ans, qui auront été frappés d'une condamnation corporelle ;

Les indigents proposés par les municipalités, dont les noms figureront sur les listes annuelles adoptées par l'autorité administrative ;

Enfin, que ces établissements soient ouverts à tous les enfants âgés de moins de seize ans, auxquels les tribunaux auront, par application de l'art. 66 du Code pénal, imparti un séjour plus ou moins long dans une maison de correction.

Nous n'avons pas à discuter ici les dispositions réglementaires qui devraient alors être adoptées. Il nous semble inutile de dire que nous accordons à ces jeunes ouvriers, dans de sages limites, dans la proportion de leur âge, de leur intelligence et de leur activité, une juste et large part aux bénéfices que leur concours procure à l'association. Un compte ouvert à chaque élève indiquera les sommes que, sur son travail quotidien, il devra restituer à la commune qui fait les frais de son séjour, de son éducation et de son entretien dans la ferme ; puis, en quittant l'établissement, tous recevront, sur les fonds qui leur auront été retenus, un petit pécule qui leur facilitera l'entrée de la carrière qu'ils voudront parcourir.

Est-il nécessaire de faire ressortir les avantages de cette institution ?

Sous le rapport agricole, des jeunes-gens sont initiés à une culture nouvelle : ignorant les préjugés de l'ancien mode, ils se répandent dans nos campagnes comme garçons de ferme et de charrue, comme agents, contre-maîtres, directeurs d'exploitations rurales ; ils deviennent les instruments d'un autre système, propagent dans le monde agricole les principes de l'organisation du travail, les bienfaits de l'association qui leur ont été inculqués dans les écoles, entrent dans les familles de nos colons, y forment des alliances, donnent une impulsion différente à leurs travaux, et leur succèdent naturellement et sans secousses. C'est alors que nos vieux laboureurs emporteront avec eux dans la tombe leurs habitudes routinières et leurs préjugés qui, de ce jour seulement, cesseront d'être héréditaires.

Sous le rapport industriel, les sujets les plus distingués de ces fermes-écoles, ceux qui annoncent des dispositions pour l'étude des sciences naturelles, pour la mécanique, la fabrication des instruments aratoires, la maréchallerie, etc. ; ceux dont la rare intelligence fait pressentir des sujets distingués, peuvent être placés dans les écoles publiques, être attachés comme naturalistes ou botanistes au service du Jardin des Plantes ou à quelque expédition scientifique, introduits dans les écoles vétérinaires, dans celles des Arts et Métiers, etc. Les conseils généraux votent annuellement des fonds pour l'entretien d'un certain nombre d'élèves à ces divers établissements ; il suffirait de fixer d'une manière invariable la part qui serait allouée aux élèves des fermes dans la distribution de ces secours ; le gouvernement, de son côté, aurait à réserver à chaque département un nombre égal de bourses pour l'entrée de quelques-uns de ces jeunes-gens dans l'une ou l'autre des écoles que nous venons d'indiquer..

Enfin, au point de vue proposé, la mendicité n'est pas seulement éteinte, mais nous ramenons progressivement le mendiant et l'enfant naturel abandonné à des conditions avantageuses ; nous leur donnons une place honorable au foyer domestique, nous en faisons des jeunes-gens instruits, religieux, de mœurs douces et pures ; nous avons créé des citoyens capables de vivre en travaillant, des agriculteurs, des mécaniciens, des industriels, en un mot, des hommes dignes de faire partie de cette grande association de gens laborieux et de praticiens habiles dans les sciences et dans les arts qui honorent et rehaussent le pays.

Mais nous n'admettons pas seulement les mendiants et les enfants trouvés dans ces fermes-écoles : nous donnons à notre projet une plus grande extension ; nous voulons qu'à des conditions peu onéreuses pour les pères de famille, ces instituts soient ouverts à tous les enfants de nos laboureurs et de nos artisans, à toutes les jeunes intelligences qui recherchent la lumière et les bienfaits d'une instruction populaire, et que de tels établissements deviennent en quelque sorte un immense arsenal d'où la patrie pourra sans cesse tirer des sujets aptes à faire fructifier son territoire.

Section iiie. —*Des Mendiants des deux sexes, de l'âge de 18 ans et au-dessus.*

Il nous reste à indiquer le genre de secours à donner aux mendiants valides des deux sexes de cette catégorie :

ces secours doivent être temporaires comme la cause d'un mal qui n'est que passager. Aux mendiants invalides seuls sont réservés les secours perpétuels dans les maisons de dépôts.

Il est rare que des personnes valides de l'âge de 18 ans se livrent d'habitude à la mendicité. Les jeunes-gens, à cette époque de la vie, ont fait choix d'un état; ils touchent d'ailleurs au moment de satisfaire à la loi du recrutement, et il ne peut plus être question de les placer dans les fermes-écoles; les filles ont atteint, pour assurer leur existence, la force de l'âge : ce n'est pas à la veille de devenir épouses et mères qu'elles peuvent demander que les maisons hospitalières leur soient ouvertes et qu'on s'occupe de leur éducation.

Le moyen qui nous semble le plus efficace pour secourir les personnes de dix-huit ans et au-dessus, que la misère accable momentanément ou qui auront été condamnées pour délit de mendicité, consiste dans la création d'ateliers de charité; cependant, ces maisons ne doivent pas être fondées pour donner de l'aisance à ceux qui y seront reçus, mais seulement pour qu'ils puissent y vivre en travaillant.

On organisera donc, dans chaque chef-lieu d'arrondissement, deux ateliers distincts de charité, un pour les hommes, un autre pour les femmes, qui auront atteint l'âge de dix-huit ans : tous y seront admis jusqu'à cette époque de la vie où les infirmités et la vieillesse rejettent ces individus dans la catégorie des indigents non valides.

Ces ateliers seront formés dans une maison isolée, spacieuse, aérée, et non ouverte au public. Il ne suffit pas de donner ainsi de l'ouvrage au malheureux et d'empêcher qu'il ne souffre de la faim. La séquestration devra être rigoureusement observée, afin que, privé d'une liberté qu'il aspirera sans cesse à recouvrer, le mendiant ne cherche pas à se faire une vie nouvelle dans ces lieux de réfuge, consacrés uniquement à l'infortune.

Chaque individu qui y sera interné, devra être porteur d'un livret qui contiendra ses nom et prénoms, son âge, le nom de la commune où il est né, le lieu de sa résidence habituelle, la date de son admission, le genre de travail auquel il est employé; s'il est célibataire, veuf ou marié; s'il a des enfants, leur nombre, le motif qui l'a contraint à se livrer à la mendicité; la date de sa condamnation, etc. Ce livret, visé par le directeur de l'établissement, énoncera les sommes dues à l'indigent sur le produit de son travail, celles qui lui seront retenues pour être remises à la commune qui fait les frais de son séjour dans l'atelier, les différents à-comptes qu'il aura touchés sur ses gains et épargnes pendant sa détention, et l'argent qui lui sera délivré à sa sortie de la maison de charité. Le directeur inscrira, sur le livret de chaque mendiant qui rentrera dans le monde, un certificat de moralité, de bonne conduite et d'aptitude au travail; il devra y mentionner les motifs qui l'auront déterminé à refuser cette attestation.

Les femmes seront employées à des ouvrages à l'aiguille, aux minutieux détails et aux travaux importants d'une magnanerie, et les mendiants des deux sexes pourront être occupés dans des filatures, des ateliers de cardeurs, tisserands, trieurs et laveurs de laine, etc.

Tous les travaux obtenus tourneront, en partie du moins, au profit de l'établissement; il sera alloué, à titre d'indemnité, aux mendiants qui les auront confectionnés, quelques centimes par franc sur la valeur commerciale des objets, ou sur chaque journée de travail. Les indigents qui auront été admis dans ces ateliers, d'après les listes fournies par chaque mairie, pourront, dans les moments où la cherté des grains, un hiver rigoureux, de grandes calamités accroissent, au-delà des proportions ordinaires, le nombre de ces infortunés, privés de ressources et manquant d'ouvrage, être transférés, pour un temps, sur les routes départementales, sur les chemins de grande communication et de vicinalité; ils y seront occupés à des travaux de terrassements, à extraire ou concasser des pierres pour la confection ou l'entretien de ces voies publiques. Mais il est bien entendu que cette maison de réfuge ne sera ouverte qu'à deux classes de personnes : les mendiants qui auront été condamnés correctionnellement pour délit de mendicité, et les indigents proposés, par les municipalités, à l'agrément de l'autorité administrative. Un tel établissement, tout de répression, ne doit avoir aucun rapport d'assimilation avec la création temporaire d'ateliers de secours organisés par les communes pour subvenir, dans des temps calamiteux, aux plus pressants besoins d'une population libre qui souffre.

Nous terminerons par cette puissante considération ce que nous avons à dire relativement aux mendiants valides. Le gouvernement pourrait extraire, des fermes-écoles et des maisons de charité, sur leur demande, les indigents des deux sexes doués d'une forte constitution, ceux qui s'y seront fait remarquer par leur bonne conduite et leur ardeur au travail, et les répandre dans nos possessions africaines. En leur concédant des terreins, en encourageant le mariage, en faisant des avances à cette classe spéciale de colons pour frais de premier établissement, on arriverait à l'extinction de la mendicité par la colonisation, on concilierait tout à la fois les intérêts de la politique et ceux de l'humanité. Nul moyen ne pourrait donc être employé avec plus d'efficacité pour expulser le paupérisme du sol, ou tout au moins pour en arrêter les progrès et rendre l'homme au bonheur de la vie de famille, à la culture de sa propre chose.

Des voies et moyens d'exécution.

Parmi les dépenses que nécessiterait l'exécution de ces projets, les unes seraient supportées par l'État, les autres tomberaient à la charge, soit du département, soit de l'arrondissement ou de la commune.

En entrant dans l'examen de tous ces frais, on remarquera qu'ils sont loin d'être aussi lourds qu'ils le paraissent, surtout lorsqu'on envisage la sécurité et le bien-être que la société retirerait de l'adoption de notre système.

Chaque département sera tenu de fonder un dépôt de mendicité pour les indigents invalides et une ferme-école pour les mendiants valides et les enfants abandonnés d'un âge adulte. Mais il faut rappeler ici que les enfants trouvés figurent au budget de l'État par la concession de quatre millions faite, en vertu du décret de 1811, en faveur des départements; que si la répartition de cette somme est insuffisante, il y est pourvu, aux termes de ce décret, par les hospices au moyen de leurs revenus ou d'allocations sur les fonds des communes, et en outre par les dispositions de la loi du 10 mai 1838. Les ressources sont donc en partie assurées en ce qui concerne les enfants trouvés et abandonnés qui seront reçus dans les maisons hospitalières ou dans les fermes-écoles d'agriculture.

Quant aux frais d'établissement de ces fermes, nous ferons observer qu'il s'agirait de se procurer les terreins les plus ingrats et les plus infertiles, ce qui n'occasionnerait au début qu'une faible mise de fonds; qu'il serait imprévoyant de commencer sur une trop grande échelle des expériences agricoles; que les développements de cette institution nouvelle ne devront s'opérer qu'avec la prudente lenteur que commande le succès, et que les conseils généraux, ayant le pouvoir d'étendre ou de restreindre ces dépenses, subordonneront l'importance de l'allocation annuelle des fonds aux avantages plus ou moins réels que les départements recueilleront de la création de ces colonies agricoles.

Mais l'avenir d'une institution nationale qui doit rendre au travail tant de bras inactifs, qui assure le repos du pays, en formant des citoyens dont les connaissances spéciales tourneront au profit de la mère-patrie ou de nos colonies naissantes et sans population, ne doit pas être abandonné aux efforts isolés et souvent impuissants des provinces.

Le crédit voté par les Chambres *pour encouragements à l'agriculture* n'est pas en rapport avec les fonds alloués aux autres parties de la science et de l'industrie; et quand les représentants du pays procèdent par millions et par centaines de mille francs pour soutenir l'administration de certains théâtres, pour encourager la pêche de la morue, etc., ils ne refuseront pas au ministre de l'agriculture les moyens de donner à cette branche de notre richesse territoriale l'essor qui lui a manqué jusqu'à ce jour. Le rôle que cette industrie est appelée à jouer dans les améliorations sociales dépend de la considération dont elle sera entourée, de l'importance des sacrifices qui seront faits pour la protéger et activer ses progrès. La France est essentiellement agricole, puisque près de 25 millions de bras sont occupés à des travaux qui se rattachent à l'exploitation du sol; il ne nous semblerait donc pas exorbitant de réclamer du gouvernement, pour chaque département, un secours annuel de quinze mille francs destiné à l'éducation et à l'entretien des mendiants dans les fermes-écoles, et au paiement d'une partie des dépenses dont le surplus resterait à la charge des départements.

La formation des ateliers de charité pour les mendiants valides occasionnera des frais d'établissement qui seront supportés par chaque arrondissement au chef-lieu desquels ils auront été créés. Il en sera de même des dépenses à faire dans les hospices et salles d'asile pour y organiser des écoles primaires et des ateliers de travail. Mais les conseils généraux, en votant les sommes suffisantes pour l'entretien de ces maisons de secours et de charité, dresseront annuellement un état des frais faits par chaque mendiant non valide dans les dépôts, et de ceux occasionnés par les enfants trouvés et abandonnés, les jeunes mendiants et les indigents valides, soit dans les hospices, soit dans les colonies agricoles, soit dans les ateliers de charité. Les dépenses des enfants trouvés resteront à la charge du département, et il y sera pourvu en partie au moyen des ressources créées par le décret de 1811; et celles des mendiants, à quelque classe qu'ils appartiennent, seront réparties contributoirement entre toutes les communes, dans la proportion des indigents que chacune d'elles aura fournis à ces divers établissements.

Ainsi, dans le système dont nous provoquons l'application, les frais généraux de fondation et de constructions sont supportés, soit par le département, soit par l'arrondissement, et toutes les autres dépenses d'entretien, d'éducation et de secours incombent à la commune.

Dans les villes où il existe des octrois, il sera rationnel d'affecter leur produit à acquitter une partie de ces charges, les octrois ayant été accordés à la condition de gratifier les établissements de bienfaisance. Au surplus, il sera fait masse à l'avenir de toutes les sommes qui étaient précédemment données aux bureaux de charité, de tous les produits des associations particulières ayant pour but de soulager l'humanité souffrante ; et désormais tous les deniers alloués aux pauvres par donations entre-vifs ou par dispositions testamentaires, tous les secours recueillis n'importe à quels titres, seront, ainsi que le produit des matières confectionnées dans les ateliers de charité, versés dans la caisse du percepteur communal et recevront la double destination, en allégeant les charges de la municipalité, d'améliorer d'abord le sort des classes indigentes qui n'auront pas été privées de leur liberté, et de soutenir l'existence des mendiants renfermés dans les dépôts, les fermes-écoles et les salles d'asile.

Dispositions pénales.

Il nous reste à dire un mot sur la sanction à donner aux dispositions qui devront être prises pour prévenir, arrêter et éteindre la mendicité ; on conçoit que d'après ce qui précède, il deviendrait nécessaire de réviser les art. 274 et 275 du Code pénal.

La loi civile impose aux père et mère l'obligation de nourrir, entretenir et élever leurs enfants, et ceux-ci, par réciprocité, doivent des aliments à leurs père et mère et autres ascendants. Une certaine responsabilité doit alors peser sur les personnes qui auront laissé vagabonder et mendier des individus placés légalement sous leur autorité, ainsi que sur les enfants qui n'auront pas arraché leurs ascendants à la mendicité. Il nous semblerait donc juste d'édicter une peine corporelle et une amende contre les père et mère ou enfants qui n'auront pas, quoique jouissant d'une aisance suffisante, empêché un des membres de la famille d'implorer habituellement la charité publique.

Toute personne qui sera trouvée mendiant dans sa commune devra, par suite de la condamnation prononcée par les tribunaux correctionnels, être conduite, pour y subir sa peine, si elle est invalide, au dépôt de mendicité du département, et si elle est valide, soit dans les salles d'asile, soit dans l'atelier d'arrondissement de sa résidence, soit dans les fermes-écoles, suivant son âge et son sexe.

Les mendiants arrêtés hors du canton de leur résidence seront, après condamnation, mis à la disposition de l'autorité administrative qui les fera transférer, pour l'exécution du jugement prononcé contre eux, dans les lieux qui auront été désignés par les tribunaux.

Si les mendiants valides, après être sortis des ateliers de charité, hospices ou colonies agricoles, continuent à vivre d'aumônes et à implorer publiquement des secours, une peine correctionnelle plus sévère leur sera infligée, qu'ils subiront dans l'atelier de charité de l'arrondissement. En cas de récidive, les tribunaux les condamneront à plusieurs années d'emprisonnement dans les dépôts de mendicité de département.

Enfin, et s'il se trouve des individus valides qui, à l'expiration de cette dernière peine, se livrent encore à la mendicité et au vagabondage, il restera pour dernière ressource à la société de les chasser de son sein, en les renfermant pendant de longues années et au besoin pour toute leur vie avec les indigents invalides au dépôt départemental, sauf l'action du ministère public et des condamnations plus rigoureuses, dans le cas où il y aurait connexité entre le délit de mendicité et plusieurs autres délits ou crimes.

Les dispositions qui précèdent seraient applicables aux vagabonds.

Nous avons parcouru le cercle que nous nous étions tracé, nous avons indiqué les moyens d'arrêter les progrès d'un mal qui menace de jeter la perturbation dans la société : le lecteur pensera, nous aimons à le croire, que nous n'avons pas discuté de vaines utopies et que nos propositions pourront aider au déblai des difficultés soulevées par la grave question du paupérisme.

Depuis le jour où cet opuscule a été adressé au conseil général du département du Cher, dans sa session de 1840, les honorables fonctions qui nous ont été confiées nous ont fréquemment procuré l'occasion d'observer que le paupérisme et le vagabondage enlacent de plus en plus le corps social, et que d'aussi cruelles étreintes nécessitent de promptes mesures de répression. La situation ne s'est pas améliorée : le pauvre languit plus que jamais dans un état d'abandon qui le pousse vers la mendicité; les grands pouvoirs de la nation n'ont pas encore été consultés sur les moyens de le ramener à une condition plus avantageuse; l'occasion nous a donc paru propice de recourir à une plus large publicité pour la propagation de nos idées sur cette importante matière. Nous croyons aujourd'hui, plus fermement encore qu'en 1840, aux bienfaits qui résulteraient de leur application : au point de vue de l'humanité, la production de cet écrit nous semble utile, et nous osons espérer que le public éclairé, aux lumières duquel nous soumettons *ces études*, donnera un bon accueil aux théories que nous avons formulées *.

L'agriculture ne peut prendre une marche ascendante qu'avec le concours simultané de la science, dont les principes excitent à de fructueux essais, des capitaux, qui sont le nerf de toute entreprise et des bras qui doublent l'emploi de la force matérielle. Faisons un généreux appel à l'État, aux agronomes, aux financiers, afin qu'ils viennent en aide et versent d'abondants secours à cette *grande mamelle* des nations : cherchons à ramener à leur vraie, à leur noble destination les fonds que des spéculations imprudentes ont exclusivement jetés dans les entreprises de chemins de fer ; donnons aussi à la terre, donnons-lui largement pour qu'elle nous rende avec libéralité ; intéressons le mendiant régénéré à l'exploitation du sol ; encourageons, honorons le laboureur, l'ouvrier des champs, tous ceux qui arrosent la terre de leurs sueurs. Tentons un dernier effort, et nous aurons semé pour recueillir les bénédictions de nos concitoyens, nous aurons moralisé les dernières classes du peuple, nous aurons inspiré le goût, et fait sentir à tous le besoin du travail.

* Les pensées que nous publions sur les colonies agricoles, sur l'avenir des enfants trouvés et sur les moyens d'arriver à l'extinction de la mendicité, ont une date qu'il nous importe de bien constater. C'est en 1840 que le manuscrit de ce mémoire a été adressé au Conseil général et déposé dans les archives de la préfecture du Cher : le procès-verbal imprimé de la session de cette même année en fait foi. Une copie de notre travail a été remise en juillet 1840 à M. de Bry, alors sous-préfet de Saint-Amand. Nous serions donc en droit de nous prévaloir au besoin de ces faits qui donnent à nos théories un cachet authentique de priorité sur des opinions nouvellement émises.....

L'ancien Berry trouverait d'inappréciables ressources dans la création de ces colonies qui donneraient une impulsion nouvelle à l'agriculture, qui recevraient ses mendiants et les instruiraient avec les fils de ses laboureurs. Il est peu de provinces qui contiennent une plus grande quantité d'hectares de terres incultes. Ces plaines immenses et dénudées, ces grands plateaux circonscrits par les rivières du Cher, de l'Indre, de la Creuse et de l'Anglin demandent, pour être fécondés, des cultivateurs doués de capacité et d'une énergique résolution. L'industrie peut cependant conquérir avec fruit cet océan de bruyère et de terre-vierge, reposant en grande partie sur le calcaire marneux ; elle peut sans crainte attirer au milieu de ces landes les populations actives et courageuses qui vivent resserrées sur le fertile territoire de nos départements du Nord, et dont les familles les plus indigentes se laissent étourdiment entraîner dans les hasards et les périls de l'émigration, quand le sol de la patrie les convie à sa culture. Là, parmi ces terreins actuellement déserts, il y aurait des hameaux à bâtir, du travail à organiser, des associations à tenter dans l'intérêt des malheureux qui souffrent de la faim et d'une humiliante oisiveté.

Mais le bras du peuple ne peut devenir intelligent que par une éducation nationale qui disséminera les lumières industrielles et agricoles sur tous les points de la France. Il est urgent, pour atteindre ce but, de retirer le prolétaire de ces grands centres de population où il s'énerve par le vice, où il s'abrutit par de honteuses habitudes, où il périt dans sa virilité sous les haillons de la misère ; il faut grouper les classes infimes de la société, les indigents, suivant leur âge et leur sexe, les faire participer aux bienfaits de la science et d'une instruction qui leur deviendra profitable, les initier dès leur enfance aux travaux rustiques, les ramener en quelque sorte à la vie primitive, à la pureté des mœurs sous le puissant égide du principe religieux, à ces habitudes laborieuses qui se perpétuent par l'organisation des forces mises en commun......... Tel a été, dans cet écrit, le fond de notre pensée, le but que nous nous sommes proposé.

Il est encore une autre partie du peuple qui devait avoir toutes nos sympathies et qui est digne, à tous égards, du vif intérêt que sa position inspire. Le paysan cultivateur, l'homme qui possède, celui qui est exclusivement occupé à la fertilisation du sol, offre à l'État de fortes garanties d'ordre et de stabilité, fondées sur l'amour de la propriété, sur le besoin de conserver ce qu'il a édifié et sur le désir d'acquérir encore. Une classe aussi notable est un des plus fermes appuis d'une nation agricole, et contribue au développement de cette richesse territoriale qui sert de base à la puissance publique. Nous avons demandé que ces cultivateurs laborieux fussent encouragés et protégés dans leur industrie; ce sont eux que nous voulons instruire dans nos instituts; c'est pour eux que nous voulons façonner, dans ces écoles spéciales, des agents qui sauront transmettre aux générations futures la pratique raisonnée du plus bel art, de la plus illustre profession.

Cependant, le bien-être ne peut se répandre dans les masses; le peuple, après tant d'orages, ne peut toucher au port, si l'on ne s'occupe pas d'alléger son labeur, en diminuant les charges et les obligations qui pèsent depuis si long-temps sur sa destinée. Les hommes, amis de leur pays, appellent de leurs vœux le moment où de nobles efforts seront tentés avec une persévérante énergie, afin de réaliser de véritables améliorations sociales. Déjà, à

une époque de glorieuse mémoire, un souffle révolution-
naire a refoulé la poussière qui encombrait la marche de
l'esprit humain......... Mais, quelles que soient les bril-
lantes conquêtes obtenues dans le passé, les États les
plus fortement constitués ont souvent d'importantes modifications à faire subir au droit qui les régit. Ainsi l'exi-
gent les progrès incessants de la civilisation, ainsi le
veut la loi de la perfectibilité humaine........ Aujourd'hui,
les échos du monde intellectuel répètent à l'envi qu'il
est temps de prendre en pitié les doléances du laboureur et du pauvre. Un gouvernement sage, qui veut,
comme le nôtre, fonder quelque chose de durable, ne
peut séparer son intérêt de celui de la nation ; il saura
accepter le programme de cette partie du peuple qui
souffre, l'étudier et donner prompte satisfaction à ses réclamations.

Nous n'avons pas l'intention de stationner sur un terrein
aussi glissant : ce n'est pas ici le lieu de développer,
d'approfondir cette thèse. Mais, disons-le en terminant,
nos représentants, qui commencent une législature nouvelle, imprimeront à leurs travaux une date historique,
s'ils veulent extraire le limon qui nuit encore à la limpi-
dité du grand fleuve de la patrie.

Au début de leur carrière, qu'ils révisent les règlements
sur les droits de mouture. Il n'est, en effet, après l'odieux
impôt du sel, il n'est rien de plus lourd pour l'ouvrier,
pour le laboureur, que la perception d'un tel prélève-
ment en nature, laissé à l'arbitraire d'avides meuniers,
exercé quotidiennement dans nos campagnes, sans con-
trôle, sans surveillance, sans police, sur la principale
substance alimentaire du peuple.

En créant une législation nouvelle en faveur des mendiants, qu'ils augmentent les cadres de la gendarmerie : chaque canton doit avoir sa brigade ; il faut, par la présence souvent répétée de la force-armée dans nos fermes, rassurer les populations isolées qui, supportant une part égale des charges publiques, ont droit, comme l'habitant des villes, à la protection de leurs personnes et de leurs biens contre les braconniers et les malfaiteurs.

L'abolition de la vaine-pâture, le partage, le bail à ferme ou l'amodiation, par parcelles, des biens communaux, doivent être décrétés d'utilité publique. Il est juste que ces terres, laissées en friche depuis un temps immémorial, soient sillonnées par la charrue, livrées aux besoins d'une population qui devient de plus en plus nombreuse.

La promulgation toujours promise et sans cesse ajournée d'un Code rural ;

La révision, le dégrèvement et une nouvelle répartition de l'impôt foncier ;

Des dispositions législatives qui auraient pour but de restreindre le morcellement abusif et désastreux du sol au-delà de certaines limites ;

Une loi sur les échanges forcés, afin que chaque pièce de terre ait accès sur les chemins d'exploitation,

Sont hautement et à bon droit sollicités de toutes les parties du royaume.

Mais faites plus encore pour l'agriculture et l'industrie : réduisez le taux légal de l'intérêt, mettez-le en rapport avec le revenu que produit la propriété foncière ; extirpez cette autre plaie gangréneuse qui ronge le peuple sous l'ignoble nom d'*usure*, en frappant d'une peine infamante ceux qui exploitent ainsi, à leur singulier profit, les sueurs de l'ouvrier ; réglementez les opérations de banque, soumettez à un tarif uniforme les actes des notaires; révisez notre système hypothécaire, le tarif des frais de justice civile, la procédure lente et ruineuse édictée dans nos Codes, etc........ Et lorsque, de concert avec le pouvoir, vous serez entrés dans la voie d'aussi larges réformes, attaquant de front les abus partout où ils se trouvent et sous quelques déguisements qu'ils se cachent, dotant le pays de ces lois vraiment populaires et conservatrices qui rehaussent et consolident la puissance d'un empire, il s'échappera sans doute des plaintes intéressées; quelques oiseaux de nuit fuiront en criant la lumière d'un si beau jour.......... Mais vous aurez accompli une noble et sainte tâche; la fortune immobilière prendra bientôt un nouvel accroissement, la richesse du peuple fera l'opulence et la force de l'État, et de tous les points de la France s'élèveront des chants d'allégresse qui remonteront jusqu'au trône pour bénir le règne heureux du Monarque réformateur !...

Saint-Amand (Cher). — FARRÉ LE GARÉ, imprimeur.